LETTRE OUVERTE

A

Monsieur Edmond Lespinasse

Secrétaire d'Etat aux Départements des Finances
et du Commerce.

par

A PIERRE PAUL,

Député au Corps Législatif.

A.

LA CHAMBRE DES DÉPUTÉS.

PORT AU PRINCE (Haïti).

MESSIEURS LES DÉPUTÉS,

Juste au moment où vous allez reprendre les travaux au début desquels vous avez prononcé, l'an dernier, le serment *"de défendre les droits du peuple et d'être fidèles à la Constitution"*, une circonstance imprévue vient mettre à l'épreuve l'engagement solennel que vous avez pris devant la Nation, en même temps qu'elle vous fournit l'occasion de montrer au Monde civilisé jusqu'à quel point vous êtes liés par ce serment.

Par un Arrêté en date du 21 Novembre 1911, Monsieur le Président de la République a révoqué les mandats de sept Représentants du Peuple. A peine avais-je été informé de cette mesure arbitraire, illégale, inconstitutionnelle, que je me suis empressé d'adresser à Monsieur Leconte une lettre de protestation que vous avez, sans doute, lue dans le "Matin" du 2 Février dernier. Il me restait à demander à mes pairs de donner à cette grave question une solution basée sur nos Règlements et les textes mêmes qu'ont invoqués ceux-là qui ont violé sciemment notre Pacte Fondamental. La cause que je viens soumettre à votre souveraine appréciation n'intéresse pas seulement votre humble collègue : c'est la cause de toute la Chambre des Députés; c'est encore la cause de tous ceux qui, portant en soi le sentiment de la dignité nationale, attendent de vous un geste qui fortifie leur foi dans l'avenir du Pays.

Le régime actuel m'ayant fermé les portes de ma patrie, je suis au grand regret de ne pouvoir développer personnellement, au sein de l'assemblée, mes arguments irréfutables contre l'arrêté du 21 Novembre 1911.

Je ne vous demande pas, Messieurs les Députés, de vous solidariser avec moi. Je vous prie de ne vous arrêter à aucune considération d'amitié et, si c'était possible, d'effacer même de votre mémoire tout souvenir pouvant vous obliger à croire que j'ai encore le droit de compter sur votre sympathie. Je ne réclame que le respect de la Loi et de la Constitution.

Je ne viens point plaider des circonstances atténuantes: Je défends des droits qui sont, pour le moment, imprescriptibles, inaliénables.

Je m'adresse donc à la conscience Nationale—car vous êtes l'émanation vivante de cette conscience—pour savoir quelle valeur peut avoir, au double point de vue du Droit et de la Constitution, l'arrêté du 21 Novembre 1911.

Monsieur le Président de la République a révoqué mon mandat de Député, parce que, pretend-il, j'aurais cumulé mes fonctions législatives avec celles de Secrétaire du Conseil des Secrétaires d'Etat.

Il y a des actes qui ne doivent point être issus de causes purement apparentes. Il faut, en certains cas, le témoignage des faits, mais des faits inaccessibles à la controverse.

Comme si, par une rétroactivité dont seul un journal intéressé de Port-au-Prince peut démontrer le principe, le mandat qui m'a été conféré le 10 Janvier 1911 avait le privilège de sortir ses effets avant cette date, l'on a publié, pour prouver que j'ai cumulé mes fonctions de député avec celles de Secrétaire du Conseil des Secrétaires d'Etat, un Memorandum du *5 Janvier 1909* et signé de moi.

J'ai été réélu le 10 Janvier 1911. C'est donc à partir du 10 Janvier 1911 qu'a commencé le nouveau mandat que je détiens de mes électeurs. Un Memorandum du Conseil des Secrétaires d'Etat que j'aurais signé même à la date du 9 Janvier 1911 ne saurait en rien nuire à l'exercice de ce mandat. Là est toute la question.

D'ores et déjà je m'inscris en faux contre tout memorandum que l'on oserait présenter pour essayer d'établir que, du 10 Janvier 1911 à la date de mon départ d'Haïti, j'avais été Secrétaire du Conseil des Secrétaires d'Etat. Le titulaire au Secrétariat du Conseil absent depuis longtemps, avait été remplacé par son adjoint qui a signé toutes les pièces du Conseil.

L'arrêté de Monsieur Leconte atteint tout le premier son auteur. Si, comme il est dit dans cet arrêté, notre collègue Tullus Roche a renoncé, sous le Gouvernement du Général Simon, à l'exercice de son mandat de député, tout vote de la Chambre auquel il a pris part, après sa démission, est nul. Or, Tullus Roche a voté, comme membre de l'Assemblée Nationale du mois d'Aout 1911, en faveur de Monsieur Leconte : donc l'élection de Monsieur Leconte à la Présidence de la République est nulle. Si l'arrêté du 21 Novembre 1911 était ratifié par un vote de la Chambre, il y aurait désormais un empêchement dirimant pour Monsieur Leconte d'exercer ses fonctions de Président d'Haïti.

L'occasion est plus que favorable, Messieurs les Députés, pour rappeler à l'observance de la Constitution ceux-là qui, ayant protesté hier en son nom, ne rougissent pas aujourd'hui de la fouler aux pieds. En ce moment où toutes les consciences font naufrage; où le désir de plaire et la crainte de ne pas exécuter la consigne suppléent à toutes les prescriptions de la loi morale et des lois positives, c'est un spectacle vraiment consolant pour la Nation que de trouver au sein de votre Auguste Assemblée une élite capable de faire émerger du flot tumultueux des passions et des haines injustes la volonté du Législateur. Au-dessus de la décision des politiciens conservateurs, il y a la révision que prononcera l'Histoire et que demain peut-être les événements auront d'avance sanctionnée.

Quant à ces phrases incorrectes, triviales et incohérentes que vous avez sans doute lues dans une feuille de Port-au-Prince, en reponse à ma lettre à Monsieur Leconte, et que seules ont pu griffonner des plumes qui se vendent comme de la marchandise avariée, elles n'expriment point l'opinion saine de ceux qui jugent avec une rigoureuse impartialité et les dieux déchus et les idoles du jour. Elles ont seulement le mérite de rappeler à notre mémoire cette désespérante affirmation du célèbre Sarcey : "L'on ne lit bien chez nous que le français de France."

Au dessus de la cabale intéressée dirigée par une poignée de vendus, il y a l'opinion publique qui, chez nous, se contente d'observer mais dont le silence éloquent est comme un arrêt de mort pour ceux-là qui oublient si vite qu'elle existe.

Nul doute, Messieurs les Députés, que vous ne restiez à la hauteur de votre tâche et que par votre souveraine décision, vous ne donniez une nouvelle preuve des nobles sentiments qui animent chacun des membres de votre honorable Assemblée, sentiments que partage avec un légitime orgueil votre humble serviteur.

A. PIERRE-PAUL.

LETTRE OUVERTE

A

Monsieur Edmond Lespinasse

Secrétaire d'Etat aux Départements des Finances
et du Commerce.

PORT-AU-PRINCE.

Monsieur Edmond Lespinasse,

Secrétaire d'Etat aux Départements des Finances et du Commerce,

Port-au-Prince.

MONSIEUR LE SECRÉTAIRE D'ETAT,

Dans le concert de louanges que, depuis votre retour au Département des Finances, les infatigables solliciteurs entonnent en votre honneur, je viens-veuillez bien me le permettre-jeter une note discordante en criant à tous la vérité et en vous disant, à vous particulièrement, ce que je pense de votre rapport du 21 Octobre 1911, publié dans le Moniteur du 8 Novembre de la même année.

Ce rapport, que—soit flatterie ou ignorance profonde de l'administration publique-certains parasites émargeant au budget de la police secrète recommandent comme un document extraordinairement important, m'a surtout frappé par sa trop grande ressemblance avec toutes les pièces de ce genre publieés par le Département des Finances á l'avènement de tout nouveau régime. Cette ressemblance est si grande que, lorsqu'il m'est tombé pour la premiére fois sous les yeux, j'aicru l'avoir déja lu. En effet, j'ai trouvé dans mes papiers, et je ne suis qu'au début de mes recherches, deux documents identiques au vôtre. C'est du reste, la coutume chez nous qu'à l'époque des grandes promesses au peuple les nouveaux occupants, pour mieux tromper ce peuple, accablent sans merci ceux qui les ont immédiatement précédés. Que de choses louches et malhonnêtes, que de sentiments inavouables se cachent parfois sous ces déclarations purement politiques que l'on décore du nom de rapport! Aujourd' hui surtout, nul ne croit pouvoir mieux se recommander á l'attention de ces êtres malfaisants que les hommes de Maribaroux et de Ferrier ont hissés au Pouvoir qu'en employant á l'adresse du Général Simon et de quelques-uns de ceux qui l'ont servi les épithètes les plus injurieuses. Tous emboitent le pas sur le même air, jusqu'à vous, Monsieur le Secrétaire d'Etat, qui vous félicitez déja de "tirer le Pays de l'abime où le manque de patriotisme et l'ignorance l'avaient précipité."

Avant d'entrer dans des considérations générales sur la valeur réelle de votre rapport, je veux, tout d'abord, faire parler les faits et prouver que le Gouvernement du Général Simon a comblé en partie l'immense abîme qu'avaient creusé, bien longtemps avant novembre 1908, les grands Patriotes et grands Financiers de Mon Pays. Je dois dire, en passant, qu'à diverses époques il ya eu en Haïti des Gouvernements qui ont été comme condamnés d'avance à subir toutes les conséquences des mauvaises situations créées par les habiles qui, sous tous les régimes, ont toujours eu la chance d'exploiter l'ignorance et la crédulité du peuple.

Durant les deux années et demie qu'il a passées au Pouvoir, le Général Simon a réalisé au bénéfice du Pays ce que d'autres n'ont pu faire pendant près d'un siècle d'administration. En dépit des calomnies dont on l'abreuve, malgré toutes les passions que l'on essaie de déchaîner contre lui et ses amis, le peuple ne tardera pas à reconnaître que jamais Chef d'Etat n'a été plus patriote ni plus libéral (dansle sens français du mot) que le Général Simon, ni Gouvernement plus progressiste que le sien.

Le Général Simon, durant sa courte administration, a diminué la Dette Publique de cinq millions de dollars environ. Il a libéré une partie des droits sur le café affectés à la garantie de la Dette Intérieure. Je vous prie, pour vous en convaincre, de consulter le budget de l'exercice 1908-1909 voté avant l'avènement du Général Simon au Pouvoir et celui de l'exercice actuel. Cependant, quand il fut élu Président d' Haïti, il n'y avait dansla caisse publique que deux millions de nickel arrivés durant l'interrègne de 1908. C'est avec ces deux millions représentant alors quatre cent mille dollars environ, ajoutés aux seuls revenus libres de nos douanes, que, sans emprunt ni convention budgétaire, l'on a acquitté les frais de la Révolution du Sud, payé en partie les appointements des mois d'octobre et de novembre 1908 et intégralement ceux de Décembre 1908 à juin 1909 inclusivement.

Toutefois le Gouvernement du Général Simon ne tarda pas à ressentir les effets des mauvaises administrations précédentes. Les conventions budgétaires et autres opérations financières réalisées sous Hyppolite, Sam et Nord Alexis n'avaient presque plus rien laissé de libre au Trésor pour le service courant. Comme vous venez de le faire en Septembre de l'année dernière, l'on avait sacrifié l'avenir aux nécessités présentes. Dire que ceux qui savent si bien lier les mains et les pieds aux Gouvernements qu'ils servent trouvent toujours le moyen de se retirer des affaires avec fracas, en emportant dans la vie privée une réputation d'honnêteté et de compétence que l'on a même peur de vérifier. Comme si la science économique et financière se résumait dans une formule, tout le talent de certains ministres des Finances en Haiti ne consiste qu'à signer des conventions budgétaires et à s'en aller du Ministère dès que les fonds provenant de ces conventions sont sur le point d'être épuisés. Ils sont sûrs de produire leur petit effet ; leur geste dont la fausseté échappe aux simples est célébré comme un grand évènement qui témoignera longtemps encore en leur faveur. Non ! il est temps que notre Pays où tous professent, sans le savoir, le culte de l'incompétence; où les médiocrités prétentieuses, sans avoir jamais étudié le grand problème de l'évolution lente et pacifique des peuples, croient avoir le monopole de la science et du patriotisme, il est temps, dis-je, que notre Pays entre dans la voie lumineuse de la civilisation où évoluent avec éclat les jeunes nations de l'Amérique.

Quand on considère que, dans un Etat où depuis quelque temps a paru une génération bien préparée pour la lutte, les mêmes individus commettant toujours les mêmes erreurs, creusent, aux grands applaudissements des naïfs et des inconscients, l'abîme où doivent s'éteindre la dignité et la vie nationales, l'on est tenté, à l'exemple du philosophe grec, de prendre une lanterne pour y chercher en plein jour un homme compétent et de bonne foi. Tous jurent sur la parole de maîtres n'ayant que le prestige du nom. Personne ne veut se donner la peine d'étudier et d'arriver à approfondir les questions de la solution desquelles dépend l'avenir de notre Pays, questions que, malgré tous les beaux discours, les longs rapports, les grandes promesses au peuple, l'on est incapable de résoudre.

Vous vous êtes vanté, Monsieur le Secrétaire d'Etat, d'avoir par votre dernière convention budgétaire réalisé l'emprunt le plus avantageux qui ait encore été fait par la République. Vous avez eu soin de dire " emprunt intérieur," prévoyant, sans doute, que l'on vous rappellerait, tout en critiquant votre opération, l'emprunt de six cent mille dollars contracté à New York pour compte du Gouvernement en Décembre 1910,—votre serviteur étant délégué à cet effet. Les six cent mille Dollars, moins cinq mille dollars, retenus par les prêteurs tant pour la commission de demi pour cent et les intérêts qui leur étaient consentis que pour les frais d'expédition de cette valeur en Haïti, ont été versés au Gouvernement immédiatement après la ratification par le Conseil des Secrétaires d'Etat de la convention signée à New York. Vous ne devez pas ignorer, en effet, qu' après avoir payé pour le Gouvernement les arriérés de l'emprunt de 1875—soit cent dix mille dollars—les sieurs Ladenburg Thalman & Co., Hallgarten & Co. ont expédié à la Banque Nationale d'Haïti quatre cent quatre-vingt-cinq mille dollars, encaissés par cet établissement aux ordres du Gouvernement.

Je ne m'attarde pas à examiner, quantà présent, si la Convention budgétaire que vous avez signée le 26 Septembre 1911 a été faite en de meilleures conditions que celle que vous avez conclue sous le Général Nord Alexis et les autres opérations financières à la discussion desquelles vous avez pris part comme ministre dans le cabinet du Président Hyppolite. Ce qui importe et que je viens démontrer au peuple Haïtien. c'est l'ignorance, la mauvaise foi et l'incompétence avec lesquelles on lèse ses intérêts tout en s'ingéniant à le tromper.

Un Gouvernement qui s'établit a, j'en conviens, des obligations immédiates à satisfaire. C'est pourquoi je ne fais ici allusion à l'emprunt de deux millions et demi contracté en août 1911 par le financier improvisé Sansaricq que pour affirmer que cette valeur était plus que suffisante pour permettre au Gouvernement de répondre à ces obligations. En y ajoutant les recettes ordinaires, vous pouviez facilement acquitter les allocations budgétaires—puisque, dites-vous, vous les avez réduites-- sans hypothèquer tous les revenus de la République ni créer de nouvelles charges à l'Etat. Avec moins de moyens, Monsieur le Docteur Edmond Heureaux, fit face à plus d'obligations, sans avoir jamais, pendant son passage au ministère des Finances, recouru à des ressources extraordinaires.

La situation que vous avez trouvée á votre retour au Département des Finances a été exceptionnelle. Jamais aucun de vos prédécesseurs n'a recueilli une si bonne succession. Seulement Monsieur Eugéne Lespinasse—je veux dire Edmond Lespinasse officiellement Ministre des Finances—n'a pas ce qu'il faut, quelque crédit qu'on lui accorde, pour faire de la bonne administration, voire de la bonne Finance.

L'Etat Haïtien a en dépôt à la Banque de l'Union Parisienne Deux millions de dollars qui ne rapportent rien à la Caisse Publique. Cette valeur est destinée à une réforme monétaire comprenant le Retrait du Papier—monnaie. En bon administrateur et en financier compétent, quel était votre premier devoir en reprenant les rênes du Departement des Finances ? C'e'tait, je pense, d'entamer cette réforme monétaire qui, tout en vous permettant de faire le Retrait, aurait laissé un surplus au profit du service courant. En ce moment, le peuple connaîtrait un véritable bien-être, tandis que le Gouvernement serait à l'aise pour payer les allocations budgétaires. Mais j'allais oublier que, pour entreprendre cette opération si difficile, si délicate de la réforme monétaire, il faut posséder des connaissances réelles, profondes en économie politique et avoir, tout au moins, des aperçus sur le progrés de cette science chez les peuples modernes. Il semble qu'une voix me dise : A quoi servent ces connaissances, puisque, en Haïti c'est être un aigle en finance que de savoir faire toucherà des parents et à des amis des commissions illicites en portant l'Etat Haïtien à emprunter son propre argent ?

Vous abandonnez à la Banque Nationale de la République d'Haïti la totalité des droits libres tant à l'importation qu'à l'exportation en garantie des valeurs qu'elle vous avance chaque mois. Vous lui consentez, par mois, en dehors de la commission contractuelle qu'elle préléve á l'encaissement et au paiement, un intérêt de demi pour cent sur les valeurs en or et d'un quart pour cent sur celles en gourdes plus une commis sion de ¼o/o sur les valeurs en gourdes et de ½ o/o sur les valeurs en or. Vous vous êtes cependant félicité d'avoir groupé un personnel douanier honnête et compétent. Pourquoi, à moins que vous n'ayez avancé un fait qui n'existe pas, pourquoi, avec un tel personnel douanier, avez-vous hypothéqué tous nos revenus libres pour obtenir les avantages imaginaires de cette mauvaise convention budgétaire qui doit vous faire encourir avant longtemps et les reproches de ceux qui vous ont nommé Ministre et la malédiction de vos administrés ?

Nul ne me portera á croire que Monsieur Lespinasse soit plus honnête ni plus compétent que Monsieur Murat Claude. Celui ci n'a pas bien administré les finances du Pays en s'entêtant à liquider le passé sans tenir compte du présent et de l'avenir. Il a, en effet, acquitté trop d'effets publics que, depuis longtemps déjà, des courtiers-marrons se passaient de main en main, tandis que le Gouvernement avait à satisfaire á d'impérieuses obligations. D'ailleurs il a lui-même avoué qu'il n'avait jamais été financier et qu'il était plutòt dépaysé au Département des Finances. Cet aveu, il n'aurait pas dû être le seul à le faire. Ce que je reproche personnellement à Monsieur Murat Claude, c'est son incompétence comme administrateur et comme financier; c'est ce que je reproche aussi à bien d'autres.

Je ne suis pas loin d'admettre avec tout le monde que, sous le dernier Gouvernement, de fortes dépenses aient été effectuées inutilement et que des fournitures, qui n'étaient pas absolument indispensables, aient fait de larges saignées au Trésor. J'ai eu plus d'une fois l'occasion d'attirer l'attention des agents responsables sur ces dépenses inutiles qui, tout en appauvrissant la caisse publique, mettaient le Gouvernement dans l'impossibilité de répondre à ses obligations les plus pressantes. Que de fois aussi, pour empêcher ces sorties de fonds infructueuses n'ai-je pas eu à solliciter le concours de certains individus qui naturellement étaient placés auprés du Général Simon pour seconder ses nobles efforts ! L'amour de la flatterie, le calcul inintelligent des intérêts propres l'emportant sur les intérêtsbien autrement supérieurs du Pays et du Gouvernement, le manque de franchise et l'esprit de domination ne leur ont point permis de voir l'abîme que creusaient, sous les pas mêmes du Chef, ceux qui ont trahi Sa confiance. J'ai prêché dans le désert.

A dire vrai, le Général Simon a été la première victime de Son Gouvernement. Quelques hommes, s'attachant à leur titre de ministres, préférant les honneurs à l'honneur, remarquables par leur adulation, leur hypocrisie, leur fausseté autant que par leur lâcheté; prostituant tout,—même la dignité personnelle—refusant sur les mesures à prendre pour la bonne marche de la chose publique toute discussion avec ceux qui dans le Gouvernement pouvaient réellement les aider dans l'accomplissement de leur tâche, mais acceptant d'être des instruments dociles à la disposition de gens inconscients, rapaces et tarés qui ne voyaient dans le Pouvoir que détenait le Général Simon que des moyens faciles de s'enrichir et de dominer; ces hommes, soutenus par ceux qu'ils trompaient, tout en les flattant, et qui, comme les anciens sauvages de la Louisiane, ont coupé l'arbre pour en manger les fruits, ont contrarié l'œuvre de régénération nationale que le Général Simon avait entreprise et l'ont empêché de réaliser tout le bien qu'il rêvait et qu'il rêve encore pour son Pays.

Mais les Gouvernants actuels, qui blâment leurs prédécesseurs, font-ils mieux qu'eux? La réponse est négative. Au contraire, comme s'ils avaient le pressentiment de quelque catastrophe prochaine, ces êtres qui ont exploité la chouannerie de Ferrier et de Maribaroux—pour parler comme Antoine Laforest—s'empressent de s'enrichir par tous les moyens en leur pouvoir, si répugnants que soient ces moyens. Entreprises, réglement de certaines affaires louches rejetées par le Gouvernement du Général Simon, parce qu'elles créaient indûment des charges à l'Etat : tout s'arrange avec le concours intéressé du petit groupe qui gouverne la République. En temps opportun, je publierai des pièces à l'appui de ce que j'avance.

Raisonnons. Vous avez engagé tous les revenus du Pays pour pouvoir payer les douzièmes budgétaires. Cependant de nombreuses dépenses se font constamment depuis, en dehors des douzièmes votés par le Corps Législatif, et des crédits supplémentaires sont autorisés par le Conseil des Secrétaires d'Etat qui nécessitent de nouvelles sorties de fonds. Je vous le demande, pour moi comme pour tous vos administrés, sur quelles disponibilités avez-vous tiré et comptez-vous encore tirer pour acquitter toutes ces dépenses?

Au lendemain de la fermeture des Chambres et de la signa:
ture de la Convention budgétaire, deux crédits supplémentaires ont été ouverts par le Conseil des Secrétaires d'Etat.
Vous n'étiez alors qu' au début de votre administration.

Toutes choses égales, d'ailleurs, le Gouvernement actuel,
en trois mois, a plus dépensé que le Gouvernement du
Général Simon pendant toute la première année de l'administration de celui-ci. Cependant le Général Simon a eu à
faire face à des obligations multiples qu'il ne vous a point
laissées : règlement de l'indemnité dûe aux sinistrés de
Petit Goâve et des deux tiers des secours accordés aux
victimes des incendies de Juillet 1908 à Port-au-Prince,
rapatriement de Messieurs Firmin et Fouchard et de leurs
partisans—vous connaissez le nombre des exilés qui
rentrèrent en Haïti à l'avenément du Général Simon—,
liquidation de certaines créances diplomatiques reconnues
par le Gouvernement du Général Nord. Les chiffres sont
plus éloquents que toute affirmation de ma part. Veuillez
consulter, en attendant que des copies en soient publiées,
les pièces officielles de votre Département.

De votre rapport, Moniseur le Secrétaire d'Etat, j'ai
surtout retenu le passage suivant : "*Par une nouvelle opération financiére, il faut créer des ressources pour faire face à
de nombreuses obligations immédiates, conséquence du désordre
administratif d'où nous venons à peine de sortir, dégager
des affectations et assurer des perceptions suffisantes pour
garantir l'exercice 1912-1913 et ceux qui suivront.*" Ce
passage n'a pas moins attiré mon attention que la réponse
qu'y a faite Monsieur le Président de la République. En ré-
pétant ce qu'ont écrit tous ses prédécesseurs au sujet "*des
recettes si négligées de l'Enregistrement et des Hypothèques, du
Télégraphe, des Postes, du Timbre, des Domaines,*" il vous a
déclaré que le service courant doit être assuré par la per-
ception intégrale des impôts. Mais, dans une phrase qui
n'est point française, il a eu soin de vous dire—car c'est lá que
se trouvera la part du lion—: "*la perspective d'opérations
financiéres que vous voyez se dessiner devant vous et sur lesquelles vous comptez pour dégager quelques-unes de nos affectations pourra plus utilement se rapporter aux grandes
entreprises du Gouvernement.*"

Si j'ai bien deviné le sens de cette "perspective . . .
qui pourra se rapporter aux grandes entreprises du Gouvernement," je crois que déjá les grands appétits se sont mis en
voie de se satisfaire. Un emprunt de Trois millions de dollars,
en effet, est projeté, et des agents officieux du Gouvernement
à New York, emmanchent la combinaison en attendant
l'ouverture de la prochaine session législative. Les Cent sept
mille doìlars que, grâce à la vigilance intransigeante d'Eugène

Roy, l'on n'a pas pu faire á l'occasion du premier projet de convention budgétaire élaboré en Septembre 1911, seront encaissés au quintuple par les habiles du Pouvoir actuel.

" Ai-je de bons avis ou de mauvais soupçons ?"

L'on   parle d'économie ! Qui donc pense-t-on tromper? Pour dégager quelques affectations l'on va augmenter les charges de l'Etat, et l'on aura encore le toupet, —le mot n'est pas trop fort—de taxer de manque de patriotisme et d'ignorance le Général Simon et ses collaborateurs.

Cependant l'on avait beaucoup jasé à propos de l'emprunt de 65000000 de francs contracté sous le Général Simon. Quelque peu élevé que fût le taux d'émission accepté par le Gouvernement, cet emprunt a été profitable au Pays. Car, avec les 65000000 de francs représentant environ 13000000 de Dollars, le Gouvernement du Général Simon a pu racheter la Dette Intérieure qui était de 15000000 de Dollars environ, acquitter le solde de l'emprunt du mois d'août 1906 s'élevant à Trois cent mille Dollars près, celui de l'avance du mois de novembre 1910 se chiffrant à 160000 Dollars à peu près et les arriérés de l'emprunt 1875, soit 110000 Dollars—l'emprunt de 600000 dollars contracté à New York en Décembre 1910 ayant eté remboursé par une partie des fonds de l'emprunt Extérieur 5 o/o 1910 de la République d'Haïti. Non compris une balance disponible en faveur du service courant, il a été réservé, sur les 65000000 de francs, dix millions de francs pour une réforme monétaire comprenant le Retrait du Papier—Monnaie. A l'aide de cet Emprunt, le Général Simon, comme je l'ai dit plus haut, a réduit de cinq millions de Dollars environ la Dette Publique.

Veuillez bien me permettre une digression. A propos du rachat de la Dette Intérieure, j'ai lu dans une feuille de Port-au-Prince un article intitulé "*L'Epargne Nationale. L'Enterrement du Passé*" où l'auteur, traitant d'une question bien au-dessus de ses forces, appelle une révoltante iniquité le plus grand bien réalisé par le Gouvernement du Général Simon. Le Gouvernement Leconte, en créant une nouvelle Dette Intérieure, "a commencé, pense l'auteur, à restituer à l'esprit d'épargne toutes les facilités qui viennent naguère de lui être ravies" A la façon dont le sujet est traité, l'on reconnait sans peine l'insuffisance de l'économiste qui se charge, depuis Mars 1903, de défendre toutes les mesures gouvernementales. Il a suffi qu'un des faux-savants qui croient avoir la science infuse, ait énoncé,—d'après un auteur qu'il a peut être lu par hasard,—que, pour tout Etat, "une Dette Intérieure est préférable à une Dette Extérieure," pour que tous ses disciples brodent sur le thème. Auteurs de phrases creuses et propagateurs de programmes fallacieux, ceux-ci ne sont même pas des théoriciens. Les idées qu'ils expriment, n'étant pas leurs, changent avec les régimes politiques, disparaissent avec les personnages qu'ils servent. Si, comme bien d'autres à qui ils ne veulent reconnaître aucune aptitude et que, au contraire, ils font passer pour des gens ignorants, inhabiles et incapables, ils savaient consacrer leurs veilles à l'étude des questions économiques et financières, ils auraient peut-être appris qu'en économie politique il n'y a pas de formule constante, infaillible. Autre chose est la règle, autre chose est l'application. Paul Leroy-Beaulieu à l'autorité de qui ils en appellent toujours—encore qu'ils n'aient jamais lu ses ouvrages—reconnait que l'Economie politique *"donne des conseils qui sont bons à suivre; que parfois, d'autres considérations, tirées de la situation nationale ou politique, peuvent suggérer des atermoiements ou des tempéraments dans l'application."*

Qu'on aille à la Banque Nationale consulter la liste des anciens porteurs des titres de la Dette Intérieure et, puisque l'on se réjouit de pouvoir tout publier maintenant, que l'on publie cette liste. L'on verra combien d'haïtiens etaient inscrits sur les Livres de la Banque comme porteurs de titres de la Dette Intérieure. Le Pays saura, non sans une douloureuse stupéfaction, que des Quinze millions de dollars environ de la Dette Intérieure, cinq cent mille dollars de titres à peine étaient en possession de porteurs haïtiens. Un allemand, habitant à Port-au-Prince, qui, en plusieurs occasions, nous a menacés de l'intervention de son Gouvernement, touchait des intérêts sur sept cent mille dollars de consolidés; un autre en avait quatre cent mille. Toute la Dette Intérieure constituait des rentes au profit de quelques étrangers. Quand on considère dans quelle condition notre Dette Intérieure avait été créée; quand on se rappelle que le banquier étranger, ayant versé à l'employé haïtien onze gourdes soixante-cinq centimes (G 11.65) pour deux cent trente trois gourdes de feuilles d'appointements, recevait peu de temps après un titre de cent dollars lui rapportant cinq dollars l'an, peut-on, à moins de servir des intérêts opposés à ceux du Pays, trouver inique le rachat de la Dette Intérieure? En France, par exemple, le paysan, le concierge, le cocher, le garçon de café, presque tous sont inscrits sur le Grand Livre de la rente française. L'épargne nationale n'est pas seulement dans ces deux mots: elle est si fortement constituée que l'argent français entre comme capital dans toutes les grandes entreprises du monde entier.

Les hommes qui ont toujours eu en main les finances haïtiennes et dirigé les affaires publiques en Haïti ont-ils jamais eu la prévoyance de travailler à y faire naître l'esprit d'épargne? Au contraire, n'ont-ils pas de tout temps avisé aux moyens d'appauvrir, de ruiner la classe laborieuse et vraiement intéressante du Pays dans l'unique but de pouvoir affirmer que seule posséde une société organisée la minorité turbulente qui a toujours trafiqué de la crédulité et de l'ignorance de la masse? Dans un ouvrage que je publierai prochainement, je reviendrai sur la double question du Rachat de la Dette Intérieure et du Retrait du Papier-Monnaie. Je donnerai aussi mon opinion sur la nouvelle Dette Intérieure que vous venez de créer par arrêté du 27 Janvier 1912.

Toutefois le Général Simon doit se sentir heureux d'apprendre que les mêmes hommes qui poussaient à une intervention étrangère lors de la création de la Banque Nationale de la République d'Haïti rendent aujourd 'hui hommage à la nécessité de *"cette importante Institution."* L'on n'ignore pas, en effet, que des Haïtiens, remettant des consultations juridiques à certain ministre étranger et lui faisant accroire que les intérêts de ses ressortissants étaient lésés, avaient conseillé à ce ministre de tenter des démarches auprès de son Gouvernement pour empêcher l'exécution du contrat de la Banque. Il a fallu tout le patriotisme du Général Simon pour épargner au Pays une nouvelle honte nationale. Aprés s'être décidé à renoncer aux contrats de la Banque Nationale de la République d'Haïti et de l'Emprunt Extérieur 5o/o 1910, si le contrôle des Douanes devait être accordé aux concessionnaires, le Général Simon avait à rappeler à une grande Puissance amie le principe de notre souveraineté comme Etat indépendant. Le manque de patriotisme que, á tort, vous lui reprochez ainsi qu' aux membres de son Gouvernement, constitue plutôt la tare de certains individus qui, pour avilir le Pouvoir entre les mains du Général Sam—parce que lui,—nous ont valu le 6 Décembre 1897 et ont essayé encore, l'an dernier, de nous faire baisser pavillon devant l'ultimatum du Gouvernement Américain, lequel, heureusement, a su apprécier les sympathies du Général Simon pour tous les peuples civilisés et surtout pour celui de la grande République Étoilée.

A bien considérer, et de quelque côté que l'on jette les yeux autour d'eux, la plupart de ces individus n'ont rien qui les attache au Pays. Leurs plus chéres affections, leurs parents les plus proches ont depuis longtemps répudié la nationalité haïtienne. Quand, voulant en imposer au peuple, ils exaltent leur patrioti-me et modulent, sur un ton hypocrite, leurs lamentations sur le sort du Pays, ils ressemblent à ces personnages faux qui vous abordent le sourire sur les lévres et la haine dans le cœur. La passion les aveugle et leur inspire des idées fixes qu'ils apportent même dans l'administration publique et que ni le temps, ni l'expérience du passe ni la logique des événements n'ont pu modifier.

C'est pourquoi, Monsieur le Secrétaire d'Etat, vous restez, sous le Gouvernement actuel, ce que vous avez été à votre passage au Ministére des Finances en 1903. Votre formule comme Ministre des Finances est invariable : une convention budgétaire et une commission d'enquête. Sous le Général Nord Alexis, vous avez formé la commission d'enquête administrative présidée par Monsieur Camille Bruno; et, quelque temps aprés, vous avez trouvé le moyen de représenter au Tribunal criminel de Port-au-Prince quelques-uns de ceux que vous avez voués á l'infamie et au déshonneur, au point de devenir aujourd'hui le Ministre de l'un d'eux. En attendant le jour des grandes révélations, je conseillerais á tous de jeter un coup d'œil rétrospectif sur le passé et de considérer attentivement le présent.

A la chute d'un Gouvernement, les hommes du clan politique qui est maintenant au Pouvoir ne s'inquiétent guére de savoir quel bien a réalisé le Gouvernement déchu. Au lieu de se poser cette question : Qu'est-ce que le dernier Gouvernement a fait pour le Pays? ils se demandent et—c'est lá tout ce qui les intéresse—quelle est la fortune de chacun des membres du dit Gouvernement. C'est à qui. pour mieux satisfaire ses petits ressentiments, leur suppose la situation des Rothschild, des Carnegie, des Rockfeller. De là naissent ces haines inqualifiables que même desvoleurs fieffés affichent, haines ayant leur source dansl'égoïsme et la jalousie.

En août dernier, j'ai rencontré à Paris un ancien serviteur du Général Simon, lequel s'était glorifié, pendant que celui-ci était au Pouvoir, d'être son protégé et s'était même réclâmé d'être son parent. En apprenant l'avènement de Monsieur Leconte à la Présidence de la République, cet ingrat, qui avait sous le Général Simon une situation inespérée à laquelle, en aucun temps, il n'aurait osé prétendre, n'eut rien de plus pratique, d'après lui, que de soulever en présence des Français qui l'écoutaient la stupide et dangereuse question de couleur. Mon cœur d'haïtien en a saigné. Comme le chien enragé mordant la main qui lui a tendu l'os, cet arriviste a jeté sa bave immonde sur son Bienfaiteur et toute une classe de ses concitoyens. Avec sa loquacité immodérée, intempestive, il développait le programme spécial du Gouvernement actuel contre ceux qu'il appelait les descendants de Yayou. Dans la chaleur de son énervante hâblerie, il laissa tomber de ses lèvres ces paroles qui resteront longtemps encore gravées dans ma mémoire : "Il est temps, que l'on en finisse avec ces gens. Leconte va en débarrasser le Pays. Ceux que le Gouvernement n'aura pas trouvés sous la main pour leur faire trancher la tête, il les avilira. A défaut de preuve, on invoquera contre eux la commune renommée."

Pensant, comme je pense encore jusqu' ici—que la question de couleur en Haïti n'etait qu' une ignoble spéculation, je n'osais affirmer, Monsieur le Secrétaire d'Etat, que Monsieur Edmond Lespinasse pût être un des exécuteurs d' un programme politique que réprouve la conscience nationale.

A mon avis, ou noir ou mulâtre au Pouvoir, ni le mérite, ni le savoir ni la valeur personnelle ne recommandent à leur attention. L'on ne vaut à leurs yeux que par son habileté dans l'art de la flatterie. Le noir au Pouvoir laisse croupir dans la gêne et la misère le noir indépendant, ayant le respect de soi et très jaloux de sa dignité. Il prend ombrage contre le noir intelligent auquel il préfère le mulâtre ignorant mais sachant bien aduler. Le mulâtre au Pouvoir n'appelle, pour le servir, que le mulâtre médiocre et de mauvaise foi qui, pour mieux le perdre, tripote la question de couleur, ou le noir rampant, capable de bien remplir le rôle d'exécuteur des hautes oeuvres. Mais tous, noirs et mulâtres, se moquent au fond de cette question de couleur et n'envisagent que leurs intérêts personnels. Quand il s'agit de satisfaire ces intérêts, on les voit résignés et confiants, s'enlacer dans des accolades fraternelles, prêts à plonger le Pays dans les horreurs de la guerre civile et à voler à l'assaut de la Caisse Publique. Cette expression créole que j'ai souvent entendu dire à un de mes vieux parents, renferme une éternelle vérité : *"chague nègre gan mulâtre li, chague mulâtre gan nègre li."*

Néanmoins, lorsque le Pouvoir échet à certaines gens, ils instituent des commissions d'enquête, non pour faire le jour sur desfaits qu'ils ne peuvent démêler, mais pour avilir une catégorie d'individus jugés d'avance par eux dignes de la réprobation publique, moins à cause de leurs actes que par ce qu'ils sont. Nous connaissons bien les dessous des commissions d'enquête. Nous savons à quels résultats voulus elles ont toujours abouti. Témoin la dernière que vous avez formée sous le Général Nord Alexis. L'on avait en vue d'avilir le Général Sam, ses parents et ses amis. L'on a vu, en effet, condamner ses enfants innocents et renvoyer hors de cause des agents responsables. L'on a vu des soi-disant complices condamnés à perpétuité tandis que d'autres réellement coupables n'ont même pas été inquiétés. Comme toujours, l'on emploie dans ces commissions certains éléments sur lesquels les habiles essaieront plus tard de faire peser toute la responsabilité de leurs desseins criminels. Au lieu d'un Ducasse Pierre-Louis, qu'ils ont lâché après le Procès de la Consolidation, le laissant en proie à la plus affreuse misère—tel un citron que l'on jette après en avoir exprimé tout le jus—, ils appelleront un Isnardin Vieux et un Lalanne, avec l'idée préconçue d'attirer pendant toute la durée de la commission l'attention publique plus particulièrement sur ces deux membres désignés, sans doute pour remplir le rôle qu'ils savent si bien assigner à une catégorie de nos compatriotes. Malheureusement pour vous, cette fois, vous avez, je pense, mal choisi. Car il y a des hommes qui ne savent ni ne peuvent servir d'instruments.

Pourquoi, d'ailleurs, une commission d'enquête administrative quand les contrôleurs constitutionnels existent, quand nous avons une Chambre des Comptes, une Chambre des Communes et un Sénat? Je crois savoir qu' il y avait déjà une commission parlementaire chargée d'enquêter sur l'administration du Général Simon. Ou les membres de la commission parlementaire ne sont pas capables de bien remplir leurs fonctions—ce qui est faux—ou ils ne peuvent pas servir aux fins inavouables auxquelles vous visez. Et alors pourquoi tant de chinoiseries? Pourquoi ne pas violer une nouvelle fois notre Constitution? Pourquoi ne pas publier, comme pour la révocation des mandats des députés, un arrêté déclarant que tels individus sont coupables, parceque vous voulez qu' ils le soient?

Le Général Simon, méditant en silence sur l'ingratitude et la fausseté humaines et pensant aux Gouvernants actuels qui usent mal du Pouvoir, a dû, plus d'une fois, dire avec le prophète : "O vos omnes qui transitis per viam, attendite et videte si est dolor sicut dolor meus." Mais leur politique criminelle et tendancieuse a peut-être jeté du fiel dans Son Grand cœur fait de bonté et d'abnégation. Cette politique a dessillé les yeux à tous ceux qui ne pouvaient voir ni ne voulaient croire.

C'est vraiment, une dérision, lorsqu'on cherche des hommes nouveaux pour la conduite des affaires, que de jeter ses regards sur les membres du Gouvernement Leconte, que le manque de courage civique ou une complaisance coupable désignent comme les meilleurs haïtiens. Si cette opinion intéressée était l'expression de la vérité, il faudrait à tout jamais désespérer du Pays. Car, quel que soit le Personnage purement représentatif qui se prélasse au Palais National avec le titre de Président d'Haïti, le Pouvoir est á demeure, depuis l'Indépendance jusqu' á nos jours, entre les mains d'une catégorie d'individus se plaignant toujours mais toujours satisfaits. Qu'ont-ils jamais fait pour le Pays durant tout le siècle qu'ils ont eu la direction des affaires? Secrétaires de Légation, Chargés d'Affaires, Professeurs à l'Ecole de Droit, Commissaires du Gouvernement, Députés, Sénateurs, Ministres Plénipotentiaires, Membres de commissions largement rétribuées, Secrétaires d'Etat, ils ont passé par toutes les fonctions publiques et ont été de tous les régimes; et, contre l'évidence et la logique des faits l'on veut encore les faire passer pour des hommes nouveaux ! Conseillers officiels ou privés de quelques uns de nos Chefs d'Etat et de leurs entourages, ils sont les artisans de tout le mal dont souffre le Pays, et ils combinent encore en secret les moyens d'empêcher son salut. Véritables adorateurs du Soleil levant, ils détournent la face de leur idole, dés que les nuages s'amoncelant à l'horizon menacent d'éclipser l'astre qui décroît. Leurs plaintes injustes, hypocrites et calculées ont toujours été considérées comme les signes des temps. C'est pourquoi quand un coup de tonnerre eut dissipé la *" nuit noire" qui planait sur Ouanaminthe*, on les vit reparaître dans une brillante auréole pour continuer leur œuvre néfaste contre le Pays. Mais leur gloire n'est qu' éphémère : elle s'éteint déjà.

Le peuple, que l'on trompe et qui n'en peut mais des insultes qu'on lui fait journellement, doit jeter ses regards sur un homme sans préjugé—peu importe la couleur de son épiderme—, dégagé de toutes passions mesquines, ayant une conscience plus avertie, mieux éclairée de ses devoirs et de ses responsabilités. Et lorsque bientôt aura grondé le tonnerre des revendications populaires et que les Gouvernants actuels auront entendu retentir à leurs oreilles alors trop attentives le terrible *"quos ego"* de la colère nationale, il s'échappera de leurs poitrines ce cri de tardif repentir : Hélas ! hélas ! nous avons tous péché !''

Qu'il vous plaise, Monsieur le Secrétaire d'Etat, d'excuser la franchise avec laquelle j'ai exprimé ma pensée. Vous comprendrez sans peine sous quelle impression j'ai rédigé ma lettre. Si quelques lecteurs espiègles y relèvent des allusions peu flatteuses, veuillez ne vous en prendre qu' á mon indignation devant les injustices criantes et les actes inconstitutionnels et arbitraires dont sont victimes et le seront encore plusieurs de mes concitoyens. J'ai le défaut ou la vertu de dire la vérité toute nue; ce qui ne vous empêchera pas de croire aux sentiments très distingués de votre serviteur.

A. PIERRE PAUL.